Vegane Milchshakes

Hinweis

Die deutsche Übersetzung weicht gegebenenfalls vom spanischen Original ab, um die Rezepte für den heimischen Markt zu adaptieren bzw.wissenschaftliche Aussagen auf den neuesten Stand zu bringen. Der vorliegende Buchinhalt beruht auf gründlicher Recherche, Fehler können trotzdem nicht ausgeschlossen werden. Hinweise die Gesundheit betreffend können auf keinen Fall einen Arztbesuch ersetzen. Alle Angaben, Empfehlungen und Informationen sind ohne jegliche Verpflichtung, Haftung oder Garantie der Autorin oder des Verlages. Bezüglich der Angaben der angeführten Produkte kann weder seitens der Autorin noch seitens des Verlages eine Gewähr übernommen werden.

Vegane Milchshakes

María del Mar Gómez

Wie man Sojamilch, Hafermilch
und Reismilch selbst macht

60 Rezepte für köstliche, gesunde
und rein pflanzliche Shakes

kneipp verlag
WIEN

Lizenzausgabe

Originaltitel: Todas las leches vegetales

Autorin:	Maria del Mar Gómez Ortega
Fotografien:	Becky Lawton und Archiv Océano Ambar außer Seite 15 (re. o.) und 79 (dreamstime.com)
Umschlaggestaltung:	P&M
Übersetzung:	Christina Jenisch
Lektorat (Lizenzausgabe):	Eva Manhardt
Grafische Gestaltung (Lizenzausgabe):	Raimund Lhotak
Druck und Bindung:	Gorenjski tisk, Kranj, Slowenien
Verlag/© der deutschen Ausgabe:	Kneipp-Verlag GmbH & Co KG, A-1010 Wien, Lobkowitzplatz 1, www.kneippverlag.com

1. Auflage, April 2012

ISBN 978-3-7088-0550-4

Inhalt

Einleitung **9**
Warum pflanzliche Milchgetränke? 9
Grundrezept **13**
Zubereitung und Filtern der Pflanzenmilch 13
Mit oder ohne Zucker? **16**
Reismilch **19**
Die Vorteile der Reismilch 20
Grundrezept für Reismilch 22
Reismilch aus weißem Rundkornreis 23
Reismilch plus Kalzium 24
Reismilch mit Zimt 25
Reismilch mit Waldfrüchten 26
Exotische Reismilch 28
Reismilch mit Trockenfrüchten 29
Reismilch mit Nüssen 30
Reismilch mit Vollkorn-Basmatireis 31
Paradiesische Reismilch 32
Reismilch aus Vollkorn-Rundkornreis 34
Reismilch mit Minze 35
Reismilch mit Zitrone 36
Reismilch mit Orange 37

Hafermilch ... **39**
Die Vorteile der Hafermilch ... 40
Grundrezept für Hafermilch ... 42
Hafermilchshake mit Carob ... 43
Hafermilch mit Mandeln ... 44
Hafermilch mit Kakao ... 45
Hafermilch mit Zimt ... 46
Hafermilch mit Malzkaffee ... 48
Exotische Hafermilch ... 49
Hafermilch mit Zitrone ... 50
Beruhigende Hafermilch ... 52
Hafermilch mit Rosmarin ... 53
Gerstenmilch ... **55**
Die Vorteile der Gerstenmilch ... 56
Grundrezept für Gerstenmilch ... 58
Gerstenmilch mit Limette ... 59
Gerstenmilch mit Kaffee ... 60
Gerstenmilch mit Kokos ... 62
Gerstenmilch „Süße Träume“ ... 64
Gerstenmilch mit Weizensprossen ... 66
Gerstenmilch mit Nüssen ... 68
Gerstenmilch mit Pomelo ... 71
Sojamilch ... **73**
Die Vorteile der Sojamilch ... 74
Grundrezept für Sojamilch ... 76
Sojamilch mit Carob ... 77

Sojamilch zum Wohlfühlen 78
Sojamilch mit Kakao 80
Sojamilch mit einer Extraportion Kalzium 82
Sojamilch für den Cholesterinspiegel 84
Sojamilch mit Waldfrüchten 86
Exotische Sojamilch 88
Sojamilch mit Trockenfrüchten 89
Sojamilch mit frischer Ananas 90
Sojamilch mit Nüssen 92
Sojamilch mit Zitrone 94
Sojamilch mit Orange 95
Sojamilch mit Grünem Tee und Minze 96
Noch mehr vegane Milchshakes 99
Horchata 101
Mandelmilch 104
Haselnussmilch 106
Kokosmilch 108
Maismilch 112
Hirsemilch 115
Tee- und Kaffeeersatz 117
Malzherstellung 121

Einleitung

Warum pflanzliche Milchgetränke?

Milch tierischen Ursprungs zählt schon seit Jahrtausenden zu den Grundnahrungsmitteln der Menschheit – und nicht nur Milch selbst, auch ihre Folgeprodukte (Joghurt, Sahne, Käse etc.) sind Teil der Ernährung von Millionen von Menschen auf der ganzen Welt. Allgemein bekannt ist auch, dass tierische Milch eine Vielzahl verschiedenster Nährstoffen enthält, die grundsätzlich für unseren Körper von großem Nutzen sind.

Ist es aber wirklich notwendig, tierische Milch zu trinken, um Körper und Geist optimal zu versorgen? Was die in der Milch enthaltenen Nährstoffe – Mineralstoffe (Phosphor, Kalzium, Zink und Magnesium), Proteine (Kasein, Lactalbumine, Lactoglobuline), Vitamine (vor allem Vitamin B) und Kohlenhydrate (Laktose) – betrifft, könnte man meinen, ja. Besonders sticht das Kalzium hervor, denn es ist ausschlaggebend für die gesunde Entwicklung und Erhaltung der Knochen.

Aus all den eben genannten Gründen nahm man lange an, dass tierische Milch zu den unentbehrlichsten und für den Körper gesündesten

Nahrungsmitteln zählt. Erst in letzter Zeit hat sich gezeigt, dass eben diese Milch allerlei Nachteile aufweist, die nicht nur ihren Nährwert „entmythisieren", sondern sie sogar für die Ernährung Erwachsener ungeeignet machen.

Viele der vermeintlich „positiven" Eigenschaften tierischer Milch stellen sich heutzutage sogar als tendenziell gesundheitsschädlich dar. In diesem Zusammenhang sollten wir gerade das Kalzium - das von westlichen Medizinern wichtigste Argument für den Genuss tierischer Milch - unter die Lupe nehmen.

WARUM ERWACHSENE VOM MILCHKONSUM VERZICHTEN SOLLTEN

Wussten Sie, dass der Mensch das einzige Lebewesen ist, das die Milch eines anderen Tieres auch nach dem Ende der Stillzeit konsumiert? Dabei existieren zahlreiche Studien, die zeigen, dass das Weglassen von tierischer Milch – wenn man ansonsten einer ausgewogenen Ernährung folgt – für den Knochenbau in keinster Weise ein Risiko darstellt. So führte beispielsweise die Harvard-Universität 12 Jahre lang eine Untersuchung an 78.000 Frauen durch, die ergab, dass der Nicht- bzw. geringe Konsum von tierischer Milch das Osteoporoserisiko nicht anhebt. Noch ein kurioses Beispiel: Bantu-Frauen (eine Ethnie, die in vielen Teilen Afrikas ansässig ist) trinken keine tierische Milch und haben deshalb auch keine durch Kalziummangel verursachten Knochenprobleme. Dazu kommt noch, dass jede von ihnen durchschnittlich mehr als acht Kinder gebärt und stillt.

Es stimmt, dass sie eine beachtliche Menge an Kalzium enthält, allerdings wird ein Großteil beim Milchkonsum in Kalziumphosphat umgewandelt und vom Körper beim Stuhlgang wieder ausgeschieden. Weit mehr Kalzium nehmen wir beim Verzehr von Gemüse, Nüssen und Hülsenfrüchten auf; dieses Kalzium wird vom Organismus besser verwertet.

Ein weiterer Punkt ist, dass immer mehr Menschen an Laktoseintoleranz leiden. Obwohl es keine wirklich schlüssigen Daten dazu gibt, nimmt man heute an, dass in etwa die Hälfte der Weltbevölkerung Laktose, das in der Milch enthalten Kohlenhydrat, nicht verträgt. Grund für diese Unverträglichkeit ist der Mangel des Enzyms Laktase, das für die Aufspaltung der Laktose verantwortlich ist. Die typischen Symptome der Intoleranz sind Durchfall, Blähungen, Bauchschmerzen und Gewichtsverlust.

Wenn auch Sie an Laktoseintoleranz leiden, so hat Ihnen ihr Arzt bestimmt vom Konsum jedweder Milchprodukte abgeraten, es ist aber durchaus möglich, Ihren Kalziumbedarf mithilfe anderer Quellen abzudecken, z.B. mit unseren pflanzlichen Milchshakes.

Aber zurück zu den negativen Eigenschaften der tierischen Milch. Wenig vorteilhaft sind z.B. auch die gesättigten Fettsäuren. Milch kann, je nach Art und Verarbeitungsprozessen, bis zu 70 % gesättigte (also die für den Körper „schlechten“) und nur 30 % ungesättigte Fettsäuren (die „guten“, die auch helfen, den Cholesterinspiegel zu regulieren) enthalten. Das Problem – abgesehen von den gesättigten Fettsäuren – ist, dass auch die ungesättigten Fettsäuren ihren cholesterinspiegelsenkenden Effekt durch Pasteurisierung und Homogenisierung verlieren.

Ohne sich jetzt zu sehr in Schwarzmalerei zu ergehen, scheint es doch klar zu sein, dass der Konsum von tierischer Milch für eine ausgewogene und gesunde Ernährung nicht notwendig ist. Außerdem würde es ja schon alleine reichen, darauf hinzuweisen, dass tierische Milch an die sechzig verschiedene Hormone enthält (z.B. verabreicht man den Kälbern Wachstumshormone) sowie zahlreiche Schadstoffe, die bei der industriellen Verarbeitung der Milch entstehen und für unseren Körper ebenso wenig geeignet sind.

In diesem Buch bieten wir Ihnen deshalb eine Alternative zur tierischen Milch in Form von gesünderen veganen Milchshakes. Das soll jetzt aber nicht heißen, dass Sie in Zukunft komplett auf tierische Milch verzichten müssen. Aber ein solcher Verzicht hat für Sie keine negativen Folgen. Wir haben Ihnen mit dieser kleinen Einführung nun viele Informationen zu tierischer Milch gegeben; die Entscheidung aber liegt natürlich bei Ihnen.

Auf den nächsten Seiten haben Sie die Gelegenheit, unsere Rezepte zu testen und diese mit einer Fülle von leckeren Zutaten - Haselnüsse, Mandeln, Hirse, Kokos, Reis etc. - zuzubereiten. Pflanzliche Milchshakes gibt es für alle Geschmäcker und sie sind extrem leicht herzustellen.

Wir hoffen jedenfalls, dass Sie dieses Buch die vielfältige und köstliche Welt der veganen Milchshakes etwas näher bringt, dass diese Ihr Leben bereichern und nicht nur Ihren Gaumen erfreuen, sondern auch Ihrer Gesundheit guttun.

Grundrezept

Zubereitung und Filtern der Pflanzenmilch

Die Zubereitung der in diesem Buch vorgestellten Milchshakes ist großteils gleich. Wir raten zur Verwendung eines Thermomix bzw. zu anderen Küchenmaschinen (Stab- oder Standmixer), denn das Wasser muss gemeinsam mit den restlichen Zutaten zu einer homogenen Masse verarbeitet werden. In jedem Fall ist es bei einigen Rezepten nötig, z.B. Haselnüsse vor der Zubereitung einzuweichen oder danach noch etwaige andere Zutaten hinzuzufügen.

Ein weiterer wichtiger Punkt ist, die entstandene Flüssigkeit gründlich zu filtern, sodass keine Klumpen zurückbleiben, eine homogene Flüssigkeit entsteht und das Getränk gut schmeckt. Alle Rezepte verweisen deshalb auf den folgenden Absatz, in dem der Filtervorgang beschrieben ist:

1. Die zum Abseihen benötigten Utensilien sind: ein Baumwoll-/Geschirrtuch (Windel etc.), eine große Schüssel und ein Stößel oder Kochlöffel
2. Das Tuch in ein Sieb legen und dieses über einer Schüssel platzieren. Sobald die Milch fertig ist, diese durch das Sieb gießen.
3. Die Milch wird gefiltert in der Schüssel aufgefangen. Pressen Sie das Tuch nun fest zusammen, sodass nur mehr das Fruchtfleisch darin enthalten bleibt.
4. Um sich nicht verbrennen und das Zusammenpressen zu erleichtern, verwenden Sie am besten einen Stößel.

0 1 2 3 4 5

Mit oder ohne Zucker?

Wie Ihnen sicher auffallen wird, sind Zucker und andere Süßungsmittel in diesem Buch recht präsent. Natürlich können Sie auf deren Verwendung verzichten, allerdings sind die Getränke dann eventuell nicht sehr geschmacksintensiv. Die in den Rezepten angeführten Mengen Zucker sind so bemessen, dass sie den Milchshakes nur eine leichte Süße verleihen. Sie selbst entscheiden, ob Sie weißen oder Vollrohrzucker etc. verwenden. Wir empfehlen letzteren, da er nicht raffiniert wird und darum gesünder als weißer raffinierter Zucker ist.

Raffinierter Zucker (der durch industrielle Prozesse aus Zuckerrohr oder -rüben hergestellt wird) ist kalorienreich, macht abhängig und verursacht bei vielen Menschen Karies. Zucker gilt als „Kalziumdieb" bzw. kann er die Knochen schwächen – was dasselbe ist. Außerdem erhöht er das Risiko, an einem Magengeschwür, einem Leberleiden oder Arteriosklerose zu erkranken.

Andererseits existiert eine Fülle von Süßstoffen, wie Fruktose, Aspartam und Sorbit, die heutzutage als gängiger Ersatz für Zucker ihre Verwendung finden. Leider sind sie kaum zu empfehlen, da z. B. Aspartam (200-mal süßer als Zucker) zur Anhäufung von Phenylalanin und Methanol im Organismus führt.

Sollten Sie sich aber trotzdem für den Einsatz von Süßstoffen entscheiden, dann bitte erst ganz am Schluss der Zubereitung hinzufügen, denn heiße Temperaturen sind für diese Stoffe wenig vorteilhaft. Dann einfach gut umrühren, bis die gewünschte Süße erreicht ist.

Ebenfalls sehr beliebt ist Fruktose, die aber auch problematisch ist, denn man muss viele Kilos Früchte verarbeiten, erhält aber nur eine geringe Menge dieses Stoffes. So gesehen „verschwendet" man eine große Menge an Obst, damit eine sehr kleine Menge Fruktose entsteht.

Um das Thema abzuschließen: Wir empfehlen für das Süßen der Milchshakes die Verwendung von beispielsweise Rohrohrzucker bzw. Honig. Es steht Ihnen frei, die vorgeschlagenen Mengen je nach Geschmack etwas zu erhöhen oder zu reduzieren. Allerdings sollten Sie keine Süßungsmittel hinzufügen, wenn Sie vorhaben, die Pflanzenmilch für ein salziges Gericht zu verwenden.

Reismilch

Die Vorteile der Reismilch

Mit ihrem milden und angenehmen Geschmack zählt Reismilch sicherlich zu den beliebtesten Getreidemilcharten und ist extrem gut verträglich. Wer mit Problemen des Verdauungstraktes wie Gastritis, Magengeschwüren oder Verstopfung zu kämpfen hat, dem empfehlen wir, sich an Reismilch zu halten. Sogar in der Schwangerschaft kann ein Glas kalte Reismilch helfen, Symptome wie Übelkeit und Erbrechen zu mildern.

Gerade Sportler, Kinder und Jugendliche profitieren vom hohen Kohlenhydratanteil dieses Getränks – langsam verdauliche Kohlenhydrate, die den Körper mit Energie versorgen, ohne den Blutzuckerspiegel zu verändern (was bei der Aufnahme von raffiniertem Zucker passiert). Aus diesem Grund eignet sich Reismilch ganz besonders für Diabetiker, vorausgesetzt Sie fügen keinen Zucker hinzu.

Außerdem ist Reismilch, obwohl sie uns mit Energie versorgt, nicht kalorienreich. So hat Reis nur etwa die Hälfte der Kalorien, die Mandeln oder Soja aufweisen. Wollen Sie also gerade ein paar Pfunde verlieren, dann sollte Reismilch in Ihrem Diätplan einen fixen Platz einnehmen.

Weitere Vorteile der Reismilch sind dank ihres geringen Sodium- und ihres hohen Kaliumgehalts ihre blutdrucksenkendende Wirkung. Sie ist zwar nicht allzu eiweißreich (dieses ist aber von hoher Qualität), versorgt uns aber mit reichlich Magnesium - einem Mineralstoff, der fundamental für den Knochenapparat sowie den Transport von Sauerstoff und mehrfach ungesättigten Fettsäuren ist. Letztere sind - wie allgemein bekannt ist - für die Regulierung des Cholesterin- und Triglyceridspiegels verantwortlich.

Auch für Menschen, die an Gicht leiden, ist Reismilch sehr gesund, denn sie hilft, den im Blut und Körper angesammelten Harnsäureüberschuss zu reduzieren.

Heutzutage findet man im Handel sogar schon auf mit Mandeln oder Haselnüssen verfeinerte Reismilchgetränke, die einfach köstlich schmecken.

Noch einige kleine Schlussbemerkungen: Vergessen Sie nicht, den Reis vor der Zubereitung ca. vier Stunden lang einzuweichen (nicht alle Küchenmaschinen sind gleich stark; so gehen Sie sicher, dass die Zubereitung auch so gelingt, wie sie soll), eher Vollkornreis zu verwenden (er ist nahrhafter) und die fertige Milch vor dem Servieren noch einmal gründlich umzurühren - vor allem, wenn ihre Zubereitung schon einige Zeit zurückliegt.

Ideal für Kranke ... und lecker für Gesunde

Reismilch ist – abgesehen davon, dass sie sehr schmackhaft ist – ein energiereiches, leicht verdauliches Lebensmittel. Sie ist gluten- und cholesterinfrei, versorgt uns mit Energie und eignet sich für jeden Diätplan.

Grundrezept für Reismilch

Zutaten

1 1/2 l Wasser
30 g Jasmin- oder Basmatireis (vorab 4 Stunden eingeweicht)
1 EL kaltgepresstes Sesamöl
60 g Zucker
1 TL Vanillezucker oder Vanillearoma
1 Prise Meersalz

Zubereitung

1. Alle Zutaten gemeinsam in einem Topf aufkochen und 10 Minuten lang zugedeckt weiterköcheln lassen.
2. Die Flüssigkeit ein wenig abkühlen lassen, in einen Standmixer umfüllen und 5 Minuten lang zu einer homogenen Masse verarbeiten (bzw. mit dem Stabmixer).
3. Filtern (siehe S. 14).

Zubereitung im Thermomix: Alle Zutaten gemeinsam in die Auffangschüssel der Küchenmaschine einfüllen und verarbeiten. Dauer: 10 Minuten. Temperatur: 90 °C. Stufe: 6. Filtern (siehe S. 14).

Reismilch aus weißem Rundkornreis

Zutaten

1 1/2 l Wasser
30 g weißer Rundkornreis (vorab 4 Stunden eingeweicht)
1 TL kaltgepresstes Sonnenblumenöl
60 g Zucker
1 TL Vanillezucker oder Vanillearoma
1 Prise Meersalz

Zubereitung

1. Alle Zutaten gemeinsam in einem Topf aufkochen und 10 Minuten lang zugedeckt weiterköcheln lassen.
2. Die Flüssigkeit ein wenig abkühlen lassen, in einen Standmixer umfüllen und 5 Minuten lang zu einer homogenen Masse verarbeiten.
3. Filtern (siehe S. 14).

Reismilch plus Kalzium

Zutaten

1 1/2 l Wasser
30 g Jasmin- oder Basmatireis (vorab 4 Stunden eingeweicht)
100 g Sesam
1 EL kaltgepresstes Sesamöl
70 g Zucker
1 TL Vanillezucker oder Vanillearoma
1 Prise Meersalz

Zubereitung

1. Alle Zutaten gemeinsam in einem Topf aufkochen und 10 Minuten lang zugedeckt weiterköcheln lassen.
2. Die Flüssigkeit ein wenig abkühlen lassen, in einen Standmixer umfüllen und 5 Minuten lang zu einer homogenen Masse verarbeiten.
3. Filtern (siehe S. 14).

Reismilch mit Zimt

Zutaten

1 1/2 l Wasser
30 g Jasmin- oder Basmatireis (vorab 4 Stunden eingeweicht)
1 TL gemahlener Zimt
3 Tropfen Zimtöl
1 EL kaltgepresstes Sesamöl
60 g Zucker
1 TL Vanillezucker oder Vanillearoma
1 Prise Meersalz

Zubereitung

1. Alle Zutaten gemeinsam in einem Topf aufkochen und 10 Minuten lang zugedeckt weiterköcheln lassen.
2. Die Flüssigkeit ein wenig abkühlen lassen, in einen Standmixer umfüllen und 5 Minuten lang zu einer homogenen Masse verarbeiten.
3. Filtern (siehe S. 14).

Reismilch mit Waldfrüchten

Zutaten

1 1/2 l Wasser
30 g Jasmin- oder Basmatireis (vorab 4 Stunden eingeweicht)
100 g Waldfrüchte/Beeren
1 EL kaltgepresstes Sesamöl
120 g Zucker
1 TL Vanillezucker oder Vanillearoma
1 Prise Meersalz

Zubereitung

1. Alle Zutaten gemeinsam in einem Topf aufkochen und 10 Minuten lang zugedeckt weiterköcheln lassen.
2. Die Flüssigkeit ein wenig abkühlen lassen, in einen Standmixer umfüllen und 5 Minuten lang zu einer homogenen Masse verarbeiten.
3. Filtern (siehe S. 14).

Exotische Reismilch

Zutaten

1 1/2 l Wasser
30 g Jasmin- oder Basmatireis (vorab 4 Stunden eingeweicht)
60 g exotische Trockenfrüchte (Banane, Papaya, Ananas, Mango etc.)
1 EL kaltgepresstes Sesamöl
60 g Zucker
1 TL Vanillezucker oder Vanillearoma
1 Prise Meersalz

Zubereitung

1. Alle Zutaten gemeinsam in einem Topf aufkochen und 10 Minuten lang zugedeckt weiterköcheln lassen.
2. Die Flüssigkeit ein wenig abkühlen lassen, in einen Standmixer umfüllen und 5 Minuten lang zu einer homogenen Masse verarbeiten.
3. Filtern (siehe S. 14).

Reismilch mit Trockenfrüchten

Zutaten

1 1/2 l Wasser

30 g Jasmin- oder Basmatireis (vorab 4 Stunden eingeweicht)

60 g gemischtes Dörrobst (Aprikosen, Datteln, Dörrpflaumen, Apfel, Rosinen, Feigen, etc.)

1 EL kaltgepresstes Sesamöl

80 g Zucker und 1 Prise Meersalz

1 TL Vanillezucker oder Vanillearoma

Zubereitung

1. Alle Zutaten gemeinsam in einem Topf aufkochen und 10 Minuten lang zugedeckt weiterköcheln lassen.
2. Die Flüssigkeit ein wenig abkühlen lassen, in einen Standmixer umfüllen und 5 Minuten lang zu einer homogenen Masse verarbeiten.
3. Filtern (siehe S. 14).

Reismilch mit Nüssen

Zutaten

1 1/2 l Wasser
30 g Jasmin- oder Basmatireis (vorab 4 Stunden eingeweicht)
90 g gemischte Nüsse (Haselnüsse, Mandeln, Macadamianüsse, Erdnüsse etc.)
1 EL kaltgepresstes Sesamöl
80 g Zucker
1 Prise Meersalz
1 TL Vanillezucker oder Vanillearoma

Zubereitung

1. Alle Zutaten gemeinsam in einem Topf aufkochen und 10 Minuten lang zugedeckt weiterköcheln lassen.
2. Die Flüssigkeit ein wenig abkühlen lassen, in einen Standmixer umfüllen und 5 Minuten lang zu einer homogenen Masse verarbeiten.
3. Filtern (siehe S. 14).

Reismilch mit Vollkorn-Basmatireis

Zutaten

1 1/2 l Wasser
30 g Vollkorn-Basmatireis (vorab 4 Stunden eingeweicht)
1 EL kaltgepresstes Sonnenblumenöl
70 g Zucker
1 TL Vanillezucker oder Vanillearoma
1 Prise Meersalz

Zubereitung

1. Alle Zutaten gemeinsam in einem Topf aufkochen und 10 Minuten lang zugedeckt weiterköcheln lassen.
2. Die Flüssigkeit ein wenig abkühlen lassen, in einen Standmixer umfüllen und 5 Minuten lang zu einer homogenen Masse verarbeiten.
3. Filtern (siehe S. 14).

Paradiesische Reismilch

Zutaten

1 1/2 l Wasser
30 g Jasmin- oder Basmatireis (vorab 4 Stunden eingeweicht)
1 EL kaltgepresstes Sesamöl
1 TL Vanillezucker oder Vanillearoma
90 g Zucker
1 Prise Meersalz

Für den Kräutertee

300 ml Wasser
1 TL Thymian, 1 TL Eukalyptos, 1 TL Rosmarin, 1 TL Minze

Zubereitung

1. Zuerst den Tee zubereiten. Dazu die Kräuter 2 Minuten lang in frisch abgekochtem Wasser ziehen lassen und den Tee abseihen.
2. Nun alle Zutaten, auch den Tee, gemeinsam in einem Topf aufkochen und 10 Minuten lang zugedeckt weiterköcheln lassen.
3. Ein wenig abkühlen lassen, in einen Standmixer umfüllen und 5 Minuten lang zu einer homogenen Masse verarbeiten.
4. Filtern (siehe S. 14).

Reismilch aus Vollkorn-Rundkornreis

Zutaten

1 1/2 l Wasser
30 g Vollkorn-Rundkornreis (vorab 4 Stunden eingeweicht)
1 EL kaltgepresstes Sonnenblumenöl
70 g Zucker
1 TL Vanillezucker oder Vanillearoma
1 Prise Meersalz

Zubereitung

1. Alle Zutaten gemeinsam in einem Topf aufkochen und 10 Minuten lang zugedeckt weiterköcheln lassen.
2. Die Flüssigkeit ein wenig abkühlen lassen, in einen Standmixer umfüllen und 5 Minuten lang zu einer homogenen Masse verarbeiten.
3. Filtern (siehe S. 14).

Reismilch mit Minze

Zutaten

1 1/2 l Wasser
30 g Jasmin- oder Basmatireis (vorab 4 Stunden eingeweicht)
3 große Blätter frische Minze
1 EL kaltgepresstes Sesamöl
90 g Zucker
1 TL Vanillezucker oder Vanillearoma
1 Prise Meersalz

Zubereitung

1. Alle Zutaten gemeinsam in einem Topf aufkochen und 10 Minuten lang zugedeckt weiterköcheln lassen.
2. Die Flüssigkeit ein wenig abkühlen lassen, in einen Standmixer umfüllen und 5 Minuten lang zu einer homogenen Masse verarbeiten.
3. Filtern (siehe S. 14).

Reismilch mit Zitrone

Zutaten

1 1/2 l Wasser
30 g Jasmin- oder Basmatireis (vorab 4 Stunden eingeweicht)
Schale einer unbehandelten Zitrone
1 EL kaltgepresstes Sesamöl
100 g Zucker
1 TL Vanillezucker oder Vanillearoma
1 Prise Meersalz

Zubereitung

1. Alle Zutaten gemeinsam in einem Topf aufkochen und 10 Minuten lang zugedeckt weiterköcheln lassen.
2. Die Flüssigkeit ein wenig abkühlen lassen, in einen Standmixer umfüllen und 5 Minuten lang zu einer homogenen Masse verarbeiten.
3. Filtern (siehe S. 14).

Tipp

Es ist ratsam, die Schale der Zitrone (und jeder anderen Zitrusfrucht) mit einem Schäler oder einem sehr spitzen Messer abzuschälen und dabei den weißen unteren Teil der Schale nicht zu verwenden; dieser ist recht bitter.

Reismilch mit Orange

Zutaten

1 1/2 l Wasser
30 g Jasmin- oder Basmatireis (vorab 4 Stunden eingeweicht)
Schale einer unbehandelten Orange
1 EL kaltgepresstes Sesamöl
90 g Zucker
1 TL Vanillezucker oder Vanillearoma
1 Prise Meersalz

Zubereitung

1. Alle Zutaten gemeinsam in einem Topf aufkochen und 10 Minuten lang zugedeckt weiterköcheln lassen.
2. Die Flüssigkeit ein wenig abkühlen lassen, in einen Standmixer umfüllen und 5 Minuten lang zu einer homogenen Masse verarbeiten.
3. Filtern (siehe S. 14).

Hafermilch

Die Vorteile der Hafermilch

Dank ihrer wohlschmeckenden Süße ist Hafermilch gerade bei den Kleinsten recht beliebt. Natürlich dürfen Sie sie trotzdem noch nachsüßen, aber wir raten Ihnen, es erst einmal ganz ohne Süßungsmittel zu probieren und dann weiterzusehen. Ebenso können Sie auch einen halben Teelöffel Zimtpulver hinzufügen; das alleine verstärkt schon den süßen Geschmack.

Hafer ist an sich ein sehr nahrhaftes Getreide, das auch mit einem beachtlichen Eiweißanteil und den für unsere Gesundheit so wichtigen und wohltuenden ungesättigten Fettsäuren punktet. Weiters versorgt uns Hafer mit Vitamin B, das für ein gut funktionierendes Nervensystem unerlässlich ist, und dank seiner Inhaltsstoffe wirkt Hafer leicht einschläfernd. Der regelmäßige Verzehr verhilft also Körper und Seele zu mehr innerer Ruhe.

Da ein Großteil der in Hafermilch enthaltenen Kohlenhydrate langsam verdaulich sind, eignet sie sich besonders für Menschen, die viel Energie verbrauchen (sei es weil sie gestresst sind oder viel Sport betreiben). Sie ist perfekt in Zeiten, in denen wir physisch und/oder mental sehr gefordert sind.

Hafer ist übrigens eine ideale Zwischenmahlzeit. Er stillt den Hunger, obwohl er relativ kalorienarm ist. Diese Eigenschaft weist Hafer dank seines Stärkegehalts auf - Stärke, die sich in Maltodextrin, Glukose und Maltose (Malzzucker) aufspaltet. In Folge verfügt der Organismus über Zucker, der langsam absorbiert wird, die Schilddrüse stimuliert und so ein Sättigungsgefühl auslöst.

Wir raten, die Haferflocken vor der Zubereitung der Milch etwa vier Stunden lang einzuweichen.

HAFERMILCH IST BALLASTSTOFFREICH

Im Vergleich zu anderen pflanzlichen Milchgetränken punktet Hafermilch gerade durch ihren hohen Anteil an Ballaststoffen, die nicht nur eine gesunde Verdauung unterstützen, sondern auch eine wichtige Rolle für das Herz-Kreislauf-System spielen. Das im Hafer enthaltenen Beta-Glucan – ein auf den Organismus höchst positiv wirkender Ballaststoff – hilft bei der Wiederherstellung und Verbesserung der Darmflora, die für alle Verdauungsvorgänge fundamental ist. Daher empfehlen wir Hafermilch auch allen, die unter Wassereinlagerungen oder Verstopfung leiden.

Grundrezept für Hafermilch

Zutaten

1 1/2 l Wasser
30 g Haferflocken (vorab 4 Stunden eingeweicht)
1 EL kaltgepresstes Sonnenblumenöl
80 g Zucker
1 TL Vanillezucker oder Vanillearoma
1 Prise Meersalz

Zubereitung

1. Alle Zutaten gemeinsam in einem Topf aufkochen und 10 Minuten lang zugedeckt weiterköcheln lassen.
2. Die Flüssigkeit ein wenig abkühlen lassen, in einen Standmixer umfüllen und 5 Minuten lang zu einer homogenen Masse verarbeiten (bzw. mit dem Stabmixer).
3. Filtern (siehe S. 14).

Zubereitung im Thermomix: Alle Zutaten gemeinsam in die Auffangschüssel der Küchenmaschine einfüllen und verarbeiten. Dauer: 10 Minuten. Temperatur: 90 °C. Stufe: 6. Filtern (siehe S. 14).

Hafermilchshake mit Carob

Zutaten

1 1/2 l Wasser
30 g Haferflocken (vorab 4 Stunden eingeweicht)
20 g Carobpulver
1 EL kaltgepresstes Sonnenblumenöl
130 g Zucker
1 TL Vanillezucker oder Vanillearoma
1 Prise Meersalz

Zubereitung

1. Alle Zutaten gemeinsam in einem Topf aufkochen und 10 Minuten lang zugedeckt weiterköcheln lassen.
2. Die Flüssigkeit ein wenig abkühlen lassen, in einen Standmixer umfüllen und 5 Minuten lang zu einer homogenen Masse verarbeiten.
3. Filtern (siehe S. 14).

Hafermilch mit Mandeln

Zutaten

1 1/2 l Wasser
30 g Haferflocken (vorab 4 Stunden eingeweicht)
50 g geschälte Mandeln
1 EL kaltgepresstes Sonnenblumenöl
90 g Zucker
1 Prise Meersalz
1 TL Vanillezucker oder Vanillearoma

Zubereitung

1. Alle Zutaten gemeinsam in einem Topf aufkochen und 10 Minuten lang zugedeckt weiterköcheln lassen.
2. Die Flüssigkeit ein wenig abkühlen lassen, in einen Standmixer umfüllen und 5 Minuten lang zu einer homogenen Masse verarbeiten.
3. Filtern (siehe S. 14).

Hafermilch mit Kakao

Zutaten

1 1/2 l Wasser
30 g Haferflocken (vorab 4 Stunden eingeweicht)
20 g ungesüßtes Kakaopulver
1 EL kaltgepresstes Sonnenblumenöl
130 g Zucker
1 Prise Meersalz
1 TL Vanillezucker oder Vanillearoma

Zubereitung

1. Alle Zutaten gemeinsam in einem Topf aufkochen und 10 Minuten lang zugedeckt weiterköcheln lassen.
2. Die Flüssigkeit ein wenig abkühlen lassen, in einen Standmixer umfüllen und 5 Minuten lang zu einer homogenen Masse verarbeiten.
3. Filtern (siehe S. 14).

Hafermilch mit Zimt

Zutaten

1 1/2 l Wasser
30 g Haferflocken (vorab 4 Stunden eingeweicht)
1/2 TL Zimtpulver
1 EL kaltgepresstes Sonnenblumenöl
80 g Zucker
1 Prise Meersalz
1 TL Vanillezucker oder Vanillearoma

Zubereitung

1. Alle Zutaten gemeinsam in einem Topf aufkochen und 10 Minuten lang zugedeckt weiterköcheln lassen.
2. Die Flüssigkeit ein wenig abkühlen lassen, in einen Standmixer umfüllen und 5 Minuten lang zu einer homogenen Masse verarbeiten.
3. Filtern (siehe S. 14).

Hafermilch mit Malzkaffee

Zutaten

1 1/2 l Wasser
30 g Haferflocken (vorab 4 Stunden eingeweicht)
2 EL Malzkaffee
1 EL kaltgepresstes Sonnenblumenöl
90 g Zucker
1 Prise Meersalz
1 TL Vanillezucker oder Vanillearoma

Zubereitung

1. Alle Zutaten gemeinsam in einem Topf aufkochen und 10 Minuten lang zugedeckt weiterköcheln lassen.
2. Die Flüssigkeit ein wenig abkühlen lassen, in einen Standmixer umfüllen und 5 Minuten lang zu einer homogenen Masse verarbeiten.
3. Filtern (siehe S. 14).

Exotische Hafermilch

Zutaten

1 1/2 l Wasser
30 g Haferflocken (vorab 4 Stunden eingeweicht)
60 g exotische Trockenfrüchte (Papaya, Kokos, Ananas etc.)
1 EL kaltgepresstes Sonnenblumenöl
80 g Zucker
1 Prise Meersalz
1 TL Vanillezucker oder Vanillearoma

Zubereitung

1. Alle Zutaten gemeinsam in einem Topf aufkochen und 10 Minuten lang zugedeckt weiterköcheln lassen.
2. Die Flüssigkeit ein wenig abkühlen lassen, in einen Standmixer umfüllen und 5 Minuten lang zu einer homogenen Masse verarbeiten.
3. Filtern (siehe S. 14).

Hafermilch mit Zitrone

Zutaten

1 1/2 l Wasser
30 g Haferflocken (vorab 4 Stunden eingeweicht)
Schale einer unbehandelten Zitrone
1 EL kaltgepresstes Sonnenblumenöl
100 g Zucker
1 Prise Meersalz
1 TL Vanillezucker oder Vanillearoma

Zubereitung

1. Alle Zutaten gemeinsam in einem Topf aufkochen und 10 Minuten lang zugedeckt weiterköcheln lassen.
2. Die Flüssigkeit ein wenig abkühlen lassen, in einen Standmixer umfüllen und 5 Minuten lang zu einer homogenen Masse verarbeiten.
3. Filtern (siehe S. 14).

Beruhigende Hafermilch

Zutaten

1,2 l Wasser
30 g Haferflocken (vorab 4 Stunden eingeweicht)
1 EL kaltgepresstes Sesamöl
80 g Zucker
1 Prise Meersalz
1 TL Vanillezucker oder Vanillearoma

Für den Kräutertee

300 ml Wasser
Je 1 TL Kamille, Anis, Minze

Zubereitung

1. Zuerst den Tee zubereiten. Dazu die Kräuter 5 Minuten lang in frisch abgekochtem Wasser ziehen lassen und den Tee abseihen.
2. Nun alle Zutaten, auch den Tee, gemeinsam in einem Topf aufkochen und 10 Minuten lang zugedeckt weiterköcheln lassen.
3. Ein wenig abkühlen lassen, in einen Standmixer umfüllen und 5 Minuten lang zu einer homogenen Masse verarbeiten.
4. Filtern (siehe S. 14).

Hafermilch mit Rosmarin

Zutaten

1,3 l Wasser
30 g Haferflocken (vorab 4 Stunden eingeweicht)
1 EL kaltgepresstes Sonnenblumenöl
80 g Zucker
1 Prise Meersalz

Für den Kräutertee

200 ml Wasser
1 EL Rosmarin

Zubereitung

1. Zuerst den Tee zubereiten. Dazu die Kräuter 5 Minuten lang in frisch abgekochtem Wasser ziehen lassen und den Tee abseihen.
2. Nun alle Zutaten, auch den Tee, gemeinsam in einem Topf aufkochen und 10 Minuten lang zugedeckt weiterköcheln lassen.
3. Ein wenig abkühlen lassen, in einen Standmixer umfüllen und 5 Minuten lang zu einer homogenen Masse verarbeiten.
4. Filtern (siehe S. 14).

Gerstenmilch

Die Vorteile der Gerstenmilch

Ein weiteres Getreide, mit dem sich nahrhafte Shakes zubereiten lassen, ist die Gerste. Gerstenmilchshakes sollte man am besten gekühlt servieren und wer gerne mit verschiedenen Geschmäckern experimentiert, fügt z.B. Zitrone, Schokolade etc. hinzu. Diese lassen sich gut mit Gerste kombinieren.

Im Vergleich zu anderen pflanzlichen Milchgetränken ist Gerstenmilch eine der eiweißreichsten und fettärmsten Optionen. Dank ihres zwischen 6,15 und 6,8 liegenden pH-Werts, wirkt sie sich positiv auf den Säure-Basen-Haushalt aus. Gerste wirkt der Übersäuerung entgegen und unterstützt dadurch die Erholungsphase der nach einer intensiven Trainingseinheit ausgelaugten Muskeln und dem damit verbundenen lästigen Muskelkater. Auch für beispielsweise Arthritis-, Rheuma- oder Gichtkranke empfehlen wir Gerstenmilch.

Gerstenmilch versorgt unseren Organismus übrigens mit einer beachtlichen Menge essentieller Aminosäuren wie Tryptophan, einem Vorläufer des Serotonin (ein wichtiger Neurotransmitter, der Schlaf und Gemütszustand reguliert). Weiters enthält Gerstenmilch besonders viele Vitamine, wie Vitamin B_1 (fundamental für die Hauterneuerung), Vitamin B_2 (oder Riboflavin; verantwortlich für den Transport von Sauerstoff in die Zellen), Vitamin B_6 (auch

Pyridoxin genannt; wesentlich für die Hämoglobinbildung) und Carotine, die Vorläufer des Vitamin A.

Ein weiterer Vorteil der Gerste ist ihr Reichtum an Mineralstoffen (Natrium, Eisen, Magnesium, Kalium etc.) –, die Frühjahrsmüdigkeit und Anämie bekämpfen, – und Isoflavonen, die die Östrogenausschüttung bei Frauen begünstigen und auf diese Art helfen, ein etwaiges hormonelles Ungleichgewicht wieder zu regulieren.

Bevor Sie zur Zubereitung der Milchshakes schreiten, raten wir Ihnen, Gerstenkörner sechs Stunden und Gerstenflocken vier Stunden lang einzuweichen.

HEILSAMES GERSTENWASSER

Gerstenwasser erfreut sich vor allem im anglosächsischen Raum, wo es gegen Grippe und Erkältungen angewendet wird, immer noch größter Beliebtheit. Es ist mineralstoffreich und hilft bei Husten.

Zubereitet wird das Wasser mit einer guten Handvoll Gerste und einem Liter purem Wasser. Alles gemeinsam aufkochen, dann das Wasser durch neues ersetzen (damit es nicht zu bitter schmeckt), noch einmal aufkochen und eine halbe Stunde köcheln lassen, bis die Körner geplatzt sind und sich die Flüssigkeit um 1/3 verringert hat. Abseihen und trinken. Wer will, süßt mit Honig nach bzw. fügt etwas Obstsaft hinzu. Hält sich gut gekühlt ein bis zwei Tage.

Grundrezept für Gerstenmilch

Zutaten

1 1/2 l Wasser
30 g Graupen/Kochgerste (vorab 6 Stunden eingeweicht)
1 EL kaltgepresstes Sonnenblumenöl
80 g Zucker
1 TL Vanillezucker oder Vanillearoma
1 Prise Meersalz

Zubereitung

1. Alle Zutaten gemeinsam in einem Topf aufkochen und 10 Minuten lang zugedeckt weiterköcheln lassen.
2. Die Flüssigkeit ein wenig abkühlen lassen, in einen Standmixer umfüllen und 5 Minuten lang zu einer homogenen Masse verarbeiten (bzw. mit dem Stabmixer).
3. Filtern (siehe S. 14).

Zubereitung im Thermomix: Alle Zutaten gemeinsam in die Auffangschüssel der Küchenmaschine einfüllen und verarbeiten. Dauer: 10 Minuten. Temperatur: 90 °C. Stufe: 6. Filtern (siehe S. 14).

Gerstenmilch mit Limette

Zutaten

1 1/2 l Wasser
30 g Graupen/Kochgerste (vorab 6 Stunden eingeweicht)
Schale von 2 kleinen, unbehandelten Limetten
1 EL kaltgepresstes Sesamöl
100 g Zucker
1 TL Vanillezucker oder Vanillearoma
1 Prise Meersalz

Zubereitung

1. Alle Zutaten gemeinsam in einem Topf aufkochen und 10 Minuten lang zugedeckt weiterköcheln lassen.
2. Die Flüssigkeit ein wenig abkühlen lassen, in einen Standmixer umfüllen und 5 Minuten lang zu einer homogenen Masse verarbeiten.
3. Filtern (siehe S. 14).

Gerstenmilch mit Kaffee

Zutaten

1 1/2 l Wasser
30 g Graupen/Kochgerste (vorab 6 Stunden eingeweicht)
1 TL Löskaffee
1 EL kaltgepresstes Sonnenblumenöl
120 g Zucker
1 TL Vanillezucker oder Vanillearoma
1 Prise Meersalz

Zubereitung

1. Alle Zutaten gemeinsam in einem Topf aufkochen und 10 Minuten lang zugedeckt weiterköcheln lassen.
2. Die Flüssigkeit ein wenig abkühlen lassen, in einen Standmixer umfüllen und 5 Minuten lang zu einer homogenen Masse verarbeiten.
3. Filtern (siehe S. 14).

Tipps
Wer möchte, kann in diesem Rezept auch entkoffeinierten Löskaffee verwenden und auf diese Weise mehr Kaffee verwenden. Mehr als 2 1/2 Esslöffel sollten es dennoch nicht sein.

Am Ende dieses Buches finden Sie übrigens auch Rezepte mit Malz und anderen Alternative zum Kaffee.

Gerstenmilch mit Kokos

Zutaten

1 1/2 l Wasser
30 g Graupen/Kochgerste (vorab 6 Stunden eingeweicht)
50 g Kokosflocken
1 EL kaltgepresstes Sonnenblumenöl
80 g Zucker
1 TL Vanillezucker oder Vanillearoma
1 Prise Meersalz

Zubereitung

1. Alle Zutaten gemeinsam in einem Topf aufkochen und 10 Minuten lang zugedeckt weiterköcheln lassen.
2. Die Flüssigkeit ein wenig abkühlen lassen, in einen Standmixer umfüllen und 5 Minuten lang zu einer homogenen Masse verarbeiten.
3. Filtern (siehe S. 14).

Gerstenmilch „Süße Träume“

Zutaten

1,2 l Wasser
30 g Graupen/Kochgerste (vorab 6 Stunden eingeweicht)
1 EL kaltgepresstes Sonnenblumenöl
80 g Zucker
1 TL Vanillezucker oder Vanillearoma
1 Prise Meersalz

Für den Kräutertee

300 ml Wasser
1 TL Lindenblüten
1 TL Melissenblätter
1 TL Orangenblüten
1 TL Zitronenverbenenblätter

Zubereitung

1. Zuerst den Tee zubereiten. Dazu die Kräuter 5 Minuten lang in frisch abgekochtem Wasser ziehen lassen und den Tee abseihen.
2. Nun alle Zutaten, auch den Tee, gemeinsam in einem Topf aufkochen und 10 Minuten lang zugedeckt weiterköcheln lassen.
3. Ein wenig abkühlen lassen, in einen Standmixer umfüllen und 5 Minuten lang zu einer homogenen Masse verarbeiten.
4. Filtern (siehe S. 14).

Melisse oder Zitronenmelisse beruhigt und entspannt.

Gerstenmilch mit Weizensprossen

Zutaten

1 1/2 l Wasser
30 g Graupen/Kochgerste (vorab 6 Stunden eingeweicht)
50 g Weizensprossen
1 EL kaltgepresstes Sesamöl
80 g Zucker
1 TL Vanillezucker oder Vanillearoma
1 Prise Meersalz

Zubereitung

1. Alle Zutaten außer den Weizensprossen gemeinsam in einem Topf aufkochen und 10 Minuten lang zugedeckt weiterköcheln lassen.
2. Ein wenig abkühlen lassen, in einen Standmixer umfüllen und 5 Minuten lang zu einer homogenen Masse verarbeiten. Alles ganz abkühlen lassen, dann erst die Weizensprossen hinzufügen (die Hitze zerstört ihre Wirkung!) und nochmal 2 Minuten verarbeiten.
3. Filtern (siehe S. 14).

Sesam ist sehr nährstoffreich.

Gerstenmilch mit Nüssen

Zutaten

1 1/2 l Wasser
30 g Graupen/Kochgerste (vorab 6 Stunden eingeweicht)
30 g geschälte Walnüsse
1 EL kaltgepresstes Sonnenblumenöl
80 g Zucker
1 Prise Meersalz
1 TL Vanillezucker oder Vanillearoma

Zubereitung

1. Alle Zutaten außer den Nüssen gemeinsam in einem Topf aufkochen und 10 Minuten lang zugedeckt weiterköcheln lassen.
2. Ein wenig abkühlen lassen, in einen Standmixer umfüllen und 5 Minuten lang zu einer homogenen Masse verarbeiten.
3. Nun ganz abkühlen lassen, die Nüsse hinzufügen und weitere 10 Minuten verarbeiten.
4. Filtern (siehe S. 14).

Die Frucht der Vanillepflanze hat die Form einer Schote, die sich schwarz verfärbt und ihr köstliches Aroma verströmt.

Gerstenmilch mit Pomelo

Zutaten

1 1/2 l Wasser
30 g Graupen/Kochgerste (vorab 6 Stunden eingeweicht)
Schale von 1/2 unbehandelten Pomelo
1 EL kaltgepresstes Sonnenblumenöl
100 g Zucker
1 TL Vanillezucker oder Vanillearoma
1 Prise Meersalz

Zubereitung

1. Alle Zutaten gemeinsam in einem Topf aufkochen und 10 Minuten lang zugedeckt weiterköcheln lassen.
2. Die Flüssigkeit ein wenig abkühlen lassen, in einen Standmixer umfüllen und 5 Minuten lang zu einer homogenen Masse verarbeiten.
3. Filtern (siehe S. 14).

Sojamilch

Die Vorteile der Sojamilch

Kommen wir nun zum Star unter den pflanzlichen Milchgetränken. Sojamilch ist wohl sicher eine der Bekanntesten und am meisten Konsumierten dieser Getränkeklasse, gerade weil sie sehr nahrhaft ist.

Die Sojabohne ist eine sehr proteinreiche Hülsenfrucht; etwa 36 % ihrer Zusammensetzung besteht aus hochwertigem und gut verträglichem Eiweiß, das somit den Hauptanteil ihrer gesamten Nährstoffe ausmacht.

Die fettarme Sojamilch eignete sich zur Ernährung im Rahmen eines Diätplans, ist aber auch eine exzellente Vitaminquelle. Sie versorgt uns mit Vitamin A (zählt zu den Antioxidantien und ist wichtig für Knochenbau und Sehvermögen) und Vitamin E (ebenfalls Antioxidans).

Ein weiterer Vorteil von Soja ist das Lecithin, das zu den Phospholipiden zählt, den Cholesterinspiegel reguliert und für funktionierende Zellmembranen sorgt. Deren Aufgabe wiederum ist es zu überwachen, welche Nährstoffe in die Zelle gelangen dürfen und welche nicht. Gesunde Zellmembrane führen folglich zu einem verbesserten Schutz gegen oxidative Zellschädigung.

Sojamilch ist die Basis für die Herstellung zahlreicher nahr- und schmackhafter Lebensmittel. Das bekannteste Folgeprodukt ist natürlich Tofu, der beispielsweise paniert köstlich schmeckt.

Die Sojamilch, die wir in diesem Buch zubereiten, hält sich im Kühlschrank gelagert übrigens an die vier Tage und wenn Sie möchten, dass sie weniger intensiv schmeckt, dürfen Sie auch gerne auf schon geschälte Sojabohnen zurückgreifen, die so auch im Handel erhältlich sind.

Vergessen Sie aber nicht die Bohnen vor der Zubereitung noch trocken zu wiegen, gründlich zu waschen und mindestens zwölf Stunden lang einzuweichen.

OKARA: PURES EIWEISS

Das in Sojaprodukten enthalten Eiweiß ist – wie wir schon festgestellt haben – von höchster Qualität. Wie Sie bald sehen werden, bleibt bei der Zubereitung von Sojamilch eine Art halbfeste Paste im Baumwolltuch zurück. Diese Pasta wird in Japan *Okara* genannt. Dieses Nebenprodukt ist quasi pures Eiweiß und wird in Japan für eine Fülle von Rezepten verwendet. Verwenden Sie *Okara* z.B. zum Verfeinern von Pürees, als regenerierende Gesichtsmaske, zur Zubereitung von Kuchen etc.

Grundrezept für Sojamilch

Zutaten

1 1/2 l Wasser
90 g (gelbe oder weiße) Sojabohnen (vorab mind. 12 Stunden eingeweicht)
1 EL kaltgepresstes Sonnenblumenöl
60 g Zucker

Zubereitung

1. Alle Zutaten gemeinsam in einem Topf aufkochen und 40 Minuten lang zugedeckt weiterköcheln lassen.
2. Ein wenig abkühlen lassen, in einen Standmixer umfüllen und 5 Minuten lang zu einer homogenen Masse verarbeiten (bzw. mit dem Stabmixer).
3. Filtern (siehe S. 14).

Zubereitung im Thermomix: Zuerst die aufgeweichten Sojabohnen, dann die restlichen Zutaten in die Auffangschüssel der Küchenmaschine einfüllen und verarbeiten. Dauer: 2 Minuten. Stufe: 5, 7 und 9. Neu Programmieren. Dauer: 40 Minuten. Temperatur: 90 °C. Stufe: 5. Filtern (siehe S. 14).

Sojamilch mit Carob

Zutaten

1 1/2 l Wasser
90 g (gelbe oder weiße) Sojabohnen (vorab mind. 12 Stunden eingeweicht)
30 g Carobpulver
1 EL kaltgepresstes Sonnenblumenöl
120 g Zucker

Zubereitung

1. Alle Zutaten gemeinsam in einem Topf aufkochen und 40 Minuten lang zugedeckt weiterköcheln lassen.
2. Die Flüssigkeit ein wenig abkühlen lassen, in einen Standmixer umfüllen und 5 Minuten lang zu einer homogenen Masse verarbeiten.
3. Filtern (siehe S. 14).

Sojamilch zum Wohlfühlen

Zutaten

1,3 l Wasser
90 g (gelbe oder weiße) Sojabohnen (vorab mind. 12 Stunden eingeweicht)
1 EL kaltgepresstes Sonnenblumenöl
90 g Zucker

Für den Kräutertee

200 ml Wasser
1 TL Grüner Tee
1 TL Malve (auch Hibiskus oder Eibisch genannt)
1 TL Anis
1 TL Holunderblüten

Zubereitung

1. Alle Zutaten außer jenen für den Tee gemeinsam in einem Topf aufkochen und 40 Minuten lang zugedeckt weiterköcheln lassen.
2. Währenddessen den Tee zubereiten. Dazu die Kräuter mit kochendem Wasser übergießen, 2 Minuten ziehen lassen und abseihen.

Malvensorten wie etwa der Hibiskus (Eibisch), die auch in der Kosmetikindustrie verwendet werden, werden in der Volksmedizin als leicht abführend und entgiftend beschrieben.

3. Nach der Kochzeit den fertigen Tee hinzufügen, alles ein wenig abkühlen lassen, in einen Standmixer umfüllen und 5 Minuten lang zu einer homogenen Masse verarbeiten.
4. Filtern (siehe S. 14).

Sojamilch mit Kakao

Zutaten

1 1/2 l Wasser
90 g (gelbe oder weiße) Sojabohnen (vorab mind. 12 Stunden eingeweicht)
20 g ungesüßtes Kakaopulver
1 EL kaltgepresstes Sonnenblumenöl
130 g Zucker
1 TL Vanillezucker oder Vanillearoma

Zubereitung

1. Alle Zutaten gemeinsam in einem Topf aufkochen und 40 Minuten lang zugedeckt weiterköcheln lassen.
2. Die Flüssigkeit ein wenig abkühlen lassen, in einen Standmixer umfüllen und 5 Minuten lang zu einer homogenen Masse verarbeiten.
3. Filtern (siehe S. 14).

Sojamilch mit einer Extraportion Kalzium

Zutaten

1 1/2 l Wasser
90 g (gelbe oder weiße) Sojabohnen (vorab mind. 12 Stunden eingeweicht)
100 g Sesam (egal welche Sorte)
1 EL kaltgepresstes Sonnenblumenöl
60 g Zucker

Zubereitung

1. Alle Zutaten außer dem Sesam gemeinsam in einem Topf aufkochen und 40 Minuten lang zugedeckt weiterköcheln lassen.
2. Dann die Flüssigkeit gut abkühlen lassen, den Sesam hinzufügen, alles in einen Standmixer umfüllen und 5 Minuten lang zu einer homogenen Masse verarbeiten.
3. Filtern (siehe S. 14).

Tipp

Es ist wichtig, den Sesam nicht mitzukochen, da die hohen Temperaturen Inhaltsstoffen wie Vitaminen schaden. Wer noch mehr Kalzium möchte, kann auch mehr Sesam verwenden.

Wussten Sie, dass ...?

Das im Sesam enthaltene Kalzium ist natürlichen und pflanzlichen Ursprungs, von hoher Qualität und wird vom Körper leicht aufgenommen. Im Handel erhältliche vegane Milchgetränke sind oftmals mit Kalzium angereichert. Dieses ist jedoch künstlich hergestelltes Kalzium und wird vom Körper kaum verwertet.

Sonnenblumenöl, positiv für unsere Gesundheit.

Sojamilch für den Cholesterinspiegel

Zutaten

1 1/2 l Wasser
90 g (gelbe oder weiße) Sojabohnen (vorab mind. 12 Stunden eingeweicht)
80 g Sojalecithin
1 EL kaltgepresstes Sonnenblumenöl
60 g Zucker

Zubereitung

1. Alle Zutaten außer dem Lecithin gemeinsam in einem Topf aufkochen und 35 Minuten lang zugedeckt weiterköcheln lassen.
2. Dann das Lecithin hinzufügen und weitere 5 Minuten köcheln lassen.
3. Nun ein wenig abkühlen lassen, in einen Standmixer umfüllen und 5 Minuten lang zu einer homogenen Masse verarbeiten.
4. Filtern (siehe S. 14).

Wussten Sie, dass ...?
Sojalecithin eignet sich hervorragend zur Senkung des Cholesterinspiegels und spielt eine wichtige Rolle im Fettstoffwechsel.

Soja und Sojaprodukte

Sojamilch mit Waldfrüchten

Zutaten

1 1/2 l Wasser
90 g (gelbe oder weiße) Sojabohnen (vorab mind. 12 Stunden eingeweicht)
100 g Waldfrüchte/Beeren
1 EL kaltgepresstes Sonnenblumenöl
100 g Zucker

Zubereitung

1. Alle Zutaten außer den Waldfrüchten gemeinsam in einem Topf aufkochen und 35 Minuten lang zugedeckt weiterköcheln lassen.
2. Dann die Früchte hinzufügen und weitere 5 Minuten köcheln lassen.
3. Ein wenig abkühlen lassen, in einen Standmixer umfüllen und 5 Minuten lang zu einer homogenen Masse verarbeiten.
4. Filtern (siehe S. 14).

Waldfrüchte wie Johannisbeeren, Blaubeeren, Himbeeren, Wald- und gewöhnliche Erdbeeren sowie Kirschen verleihen dem Sojashake sowohl eine spezielle Farbe als auch Geschmack.

Exotische Sojamilch

Zutaten

1 1/2 l Wasser
90 g (gelbe oder weiße) Sojabohnen (vorab mind. 12 Stunden eingeweicht)
120 g exotische Trockenfrüchte (Papaya, Ananas, Kokos, Banane etc.)
1 EL kaltgepresstes Sonnenblumenöl
60 g Zucker

Zubereitung

1. Alle Zutaten gemeinsam in einem Topf aufkochen und 40 Minuten lang zugedeckt weiterköcheln lassen.
2. Ein wenig abkühlen lassen, in einen Standmixer umfüllen und 5 Minuten lang zu einer homogenen Masse verarbeiten.
3. Filtern (siehe S. 14).

Sojamilch mit Trockenfrüchten

Zutaten

1 1/2 l Wasser
90 g (gelbe oder weiße) Sojabohnen (vorab mind. 12 Stunden eingeweicht)
100 g gemischtes Dörrobst (Rosinen, Pflaumen, Aprikosen, Feigen etc.)
1 EL kaltgepresstes Sonnenblumenöl
60 g Zucker

Zubereitung

1. Alle Zutaten gemeinsam in einem Topf aufkochen und 40 Minuten lang zugedeckt weiterköcheln lassen.
2. Ein wenig abkühlen lassen, in einen Standmixer umfüllen und 5 Minuten lang zu einer homogenen Masse verarbeiten.
3. Filtern (siehe S. 14).

Sojamilch mit frischer Ananas

Zutaten

1 1/2 l Wasser
90 g (gelbe oder weiße) Sojabohnen (vorab mind. 12 Stunden eingeweicht)
120 g frische Ananas
1 EL kaltgepresstes Sonnenblumenöl
90 g Zucker

Zubereitung

1. Alle Zutaten gemeinsam in einem Topf aufkochen und 40 Minuten lang zugedeckt weiterköcheln lassen.
2. Ein wenig abkühlen lassen, in einen Standmixer umfüllen und 5 Minuten lang zu einer homogenen Masse verarbeiten.
3. Filtern (siehe S. 14).

Sojamilch mit Nüssen

Zutaten

1 1/2 l Wasser
90 g (gelbe oder weiße) Sojabohnen (vorab mind. 12 Stunden eingeweicht)
80 g gemischte Nüsse (Mandeln, Walnüsse, Haselnüsse etc.)
1 EL kaltgepresstes Sonnenblumenöl
60 g Zucker

Zubereitung

1. Alle Zutaten außer den Nüssen gemeinsam in einem Topf aufkochen und 35 Minuten lang zugedeckt weiterköcheln lassen.
2. Dann erst die Nüsse hinzufügen und weitere 5 Minuten köcheln lassen.
3. Ein wenig abkühlen lassen, in einen Standmixer umfüllen und 5 Minuten lang zu einer homogenen Masse verarbeiten.
4. Filtern (siehe S. 14).

Sojamilch mit Zitrone

Zutaten

1 1/2 l Wasser
90 g (gelbe oder weiße) Sojabohnen (vorab mind. 12 Stunden eingeweicht)
Schale einer unbehandelten Zitrone
1 EL kaltgepresstes Sonnenblumenöl
90 g Zucker

Zubereitung

1. Alle Zutaten gemeinsam in einem Topf aufkochen und 40 Minuten lang zugedeckt weiterköcheln lassen.
2. Ein wenig abkühlen lassen, in einen Standmixer umfüllen und 5 Minuten lang zu einer homogenen Masse verarbeiten.
3. Filtern (siehe S. 14).

Sojamilch mit Orange

Zutaten

1 1/2 l Wasser
90 g (gelbe oder weiße) Sojabohnen (vorab mind. 12 Stunden eingeweicht)
Schale einer unbehandelten Orange
1 EL kaltgepresstes Sonnenblumenöl
90 g Zucker

Zubereitung

1. Alle Zutaten gemeinsam in einem Topf aufkochen und 40 Minuten lang zugedeckt weiterköcheln lassen.
2. Ein wenig abkühlen lassen, in einen Standmixer umfüllen und 5 Minuten lang zu einer homogenen Masse verarbeiten.
3. Filtern (siehe S. 14).

Sojamilch mit Grünem Tee und Minze

Zutaten

1,3 l Wasser
90 g (gelbe oder weiße) Sojabohnen (vorab mind. 12 Stunden eingeweicht)
3 frische Blätter Minze
1 EL kaltgepresstes Sonnenblumenöl
90 g Zucker

Zutaten für den Tee

200 ml Wasser
1 TL Grüner Tee

Zubereitung

1. Alle Zutaten außer jenen für den Tee gemeinsam in einem Topf aufkochen und 40 Minuten lang zugedeckt weiterköcheln lassen.
2. Währenddessen den Tee zubereiten. Dazu den Grünen Tee mit kochendem Wasser übergießen, 2 Minuten ziehen lassen und abseihen.

3. Nach der Kochzeit den fertigen Tee hinzufügen, alles ein wenig abkühlen lassen, in einen Standmixer umfüllen und 5 Minuten lang zu einer homogenen Masse verarbeiten.
4. Filtern (siehe S. 14).

Noch mehr vegane Milchshakes

Horchata

Der Klassiker unter den spanischen Erfrischungen ist sicherlich die Horchata (Getränk auf Basis von Erdmandeln). Diese nahrhafte pflanzliche Milch ist typisch für die Region Valencia und wird heute schon in alle Welt exportiert. Besonders beliebt ist sie in den USA und Frankreich.

Das Geheimnis dieses köstlichen Getränkes liegt in der Verwendung der Erdmandel (*Cyperus esculentus*), auch Chufanuss genannt. Das Kontrollorgan „Tipp Regulador de la Denominación de Origen de la Chufa Valenciana" sorgt in Spanien dafür, dass für die echte Horchata nur Erdmandeln/Chufanüsse verwendet werden, die in 16 Dörfern des Landkreis „l'Horta Nord" angebaut und geerntet wurden.

Im Sommer ist die Horchata in Spanien ein beliebtes Erfrischungsgetränk. Die Erdmandelmilch ist dank ihres hohen Kohlenhydratanteils sehr nahrhaft und enthält ungesättigte Fettsäuren und Ölsäure sowie Vitamin E – drei Stoffe, die dazu beitragen, den Cholesterin- und Triglyceridspiegel im Blut zu regulieren. Die phosphor- und kaliumreiche Horchata ist das ideale Getränk für Zeiten, in denen wir uns geistig anstrengen müssen. Sie ist „Nahrung fürs Gehirn".

Bevor wir nun zum Grundrezept schreiten, lohnt es sich, kurz auf die Anekdote, die die Herkunft des Namens „Horchata" erzählt, einzugehen. Im Volksmund heißt es, dass eines Tages ein junges Mädchen König Jaume I (Jakob I. von Aragón; 1208–1276) dieses köstliche Getränk reichte. Nachdem der Monarch davon probiert hatte, rief er auf Katalanisch aus: *¡Això no és llet; això es or, xata!* (Das ist keine Milch, das ist Gold, Kleine!).

Zutaten

1 1/2 l Wasser
325 g Erdmandeln
175 g Zucker
1 l Wasser (zum Einweichen der Erdmandeln)

Zubereitung

1. Die Erdmandeln 24 Stunden lang einweichen. Auf diese Weise werden sie auch von Erde gereinigt.
2. Nun die Mandeln gemeinsam mit Wasser und Zucker in einer Küchenmaschine zerkleinern.
3. Filtern (siehe S. 14).
4. Die übrige Masse noch einmal in der Küchenmaschine verarbeiten und wieder durch das Sieb drücken.
5. Ein drittes Mal wiederholen und die fertige Horchata im Kühlschrank lagern.
6. Wichtig ist, die Horchata bis zum Servieren kaltzustellen. Vorher noch einmal gut umrühren, da sich die Erdmandeln gerne am Boden des Gefäßes absetzen.

Tipp

Wer will, kann die Horchata auch noch mit etwas Zimtpulver oder der Schale einer halben Zitrone verfeinern.

Mandelmilch

Zweifellos nimmt Mandelmilch einen ganz besonderen Platz in der Riege der veganen Milchgetränke ein. Sie schmeckt lecker, ist gesund und das ideale Getränk zur Stärkung unseres Knochenapparats. Der Grund dafür ist, dass Mandelmilch viel Kalzium und Phosphor enthält, weswegen sie vor allem von Kindern und Jugendlichen sowie von Osteoporosekranken getrunken werden sollte. Dieses Getränk schmeckt gerade den Kleinen in Verbindung mit Müsli zum Frühstück oder zur Jause ausgezeichnet. Sollte sie doch nicht so gut ankommen, fügen Sie einfach ein wenig mehr Zucker oder Honig hinzu. Weiters empfehlen wir Mandelmilch werdenden oder schon stillenden Müttern, denn sie regt die Milchproduktion an, und da sie leicht verdaulich ist, eignet sie sich auch für Personen die unter Mangelernährung leiden oder sich nach einer Krankheit auf dem Wege der Genesung befinden.

Auf der anderen Seite enthält Mandelmilch eine beachtliche Menge der „guten“ Fette (20 % ihrer Fettsäuren sind mehrfach ungesättigt), womit sie zur Regulierung des Cholesterinspiegels beitragen kann. Obwohl sie natürlich zu jeder Tageszeit schmeckt, entfaltet sie ihre positive Wirkung dank ihres hohen Eiweißanteils speziell am Morgen besonders gut. Also: Mandelmilch zum Frühstück und Sie starten kraftvoll in den Tag!

Zutaten

1 1/2 l Wasser
200 g Mandeln
100 g Zucker
30 g Vanillezucker
oder Vanillearoma

Zubereitung

1. Zuerst die Mandeln schälen und sichergehen, dass sie trocken sind. Dann in der Küchenmaschine fein zerkleinern.
2. Nun die geriebenen Mandeln mit 1/3 des Wassers und den restlichen Zutaten in der Küchenmaschine zu einer homogenen Masse verarbeiten.
3. Filtern (siehe S. 14).
4. Die übriggebliebene Mandelpaste noch einmal in der Küchenmaschine verarbeiten, ein weiteres Drittel des Wassers hinzufügen und noch einmal filtern.
5. Ein drittes Mal wiederholen und die fertige Milch im Kühlschrank kaltstellen.

Haselnussmilch

Haselnüsse sind wahrscheinlich eine der meist verwendeten Nussarten, denn sie schmecken nicht nur ausgezeichnet, sondern sind auch gesund. Im Herbst erntet man sie vom Haselnussstrauch und muss sie dann etwa ein Jahr lang trocknen lassen. Erst dann sind sie verzehrbar.

Wie auch andere Nüsse sind Haselnüsse vor allem für Personen, die an Nierenproblemen leiden, eine ideale Option. Sie enthalten viel Magnesium, was die Bekämpfung von Nierensteinen unterstützt, und sind reich an Vitamin E, einem der besten Antioxidantien. Dieses Vitamin verbessert das Hautbild und verzögert den Alterungsprozess.

Auch Menschen, die ihren Cholesterin- und Triglyzeridspiegel regulieren möchten, sollten Haselnüsse zu einem Teil ihrer täglichen Ernährung machen, denn sie enthalten ungesättigte Fettsäuren. Weiters versorgen sie uns mit einer großen Portion Kalzium, was sie empfehlenswert für Kinder, Jugendliche und Personen mit Knochenproblemen macht. Außerdem punkten sie mit ihrem großen Folsäure- und Ballaststoffanteil und helfen vor allem mit letzterem, die Verdauung zu regulieren.

Am besten halten sie sich im Ganzen und ungeschält, in einem luftdicht verschlossenen Gefäß und vor Licht geschützt.

Zutaten

1 l Wasser
200 g Haselnüsse
Saft von 1 Zitrone
100 g Zucker
1/2 l Wasser (zum Einweichen der Haselnüsse)

Zubereitung

1. Zuerst die Haselnüsse schälen und mindestens 2 Stunden lang im Wasser einweichen.
2. Aus dem Wasser nehmen und zusammen mit den restlichen Zutaten in der Küchenmaschine fein zerkleinern.
3. Filtern (siehe S. 14) und abkühlen lassen.
4. Die fertige Milch im Kühlschrank kaltstellen.

Tipp

Das Schälen der Haselnüsse gestaltet sich meist recht schwierig. Probieren Sie einmal, die Haselnüsse 5 Minuten lang zu kochen, abzuseihen und abkühlen zu lassen – und die Schale löst sich fast wie von selbst.

Kokosmilch

Die exotische Kokosnuss eignet sich hervorragend zur Zubereitung eines wohlschmeckenden und nahrhaften pflanzlichen Milchgetränks - und das auch zu Hause. Kokosmilch tut besonders Personen, die an Osteoporose oder Zahnproblemen leiden, gut - aber auch Kindern und Jugendlichen. Mit einem großen Glas Kokosmilch täglich sind Ihre Knochen bestens versorgt.

Der größte Vorteil von Kokosmilch liegt jedoch in ihrer cholesterinspiegelsenkenden Wirkung - dank ihres hohen Anteils an mehrfach ungesättigten Fettsäuren - und ihren regelmäßigen Konsum sieht man auch von außen: an einer gesunden und strahlenden Haut.

Gerade wenn Sie viel Sport treiben oder ansonsten energieraubenden Tätigkeiten nachgehen, sollten Sie vorab Kokosmilch trinken, um über mehr Energie zu verfügen, und auch danach, um die Reserven wieder aufzuladen.

Und wer sagt überhaupt, dass man die Milch pur trinken muss? Wenn Sie ein Fan von Obstshakes sind, probieren Sie doch mal, ein Drittel durch Kokosmilch zu ersetzen. Somit können Sie sowohl die Vitamine der Früchte als auch die positiven Eigenschaften der Kokosmilch nützen und der leckere Geschmack ist noch ein extra Pluspunkt.

Zutaten

1 1/2 l Wasser
250 g frisches Kokosfruchtfleisch
80 g Zucker
30 g Vanillezucker oder Vanillearoma

Zubereitung

1. In einem ersten Schritt, das Fruchtfleisch aus der Nuss schälen und kleinraspeln bzw. pürieren. Dafür können Sie einen Schäler oder noch besser die Küchenmaschine verwenden.
2. Nun die Kokospaste zusammen mit den restlichen Zutaten zum vorab aufgekochten Wasser hinzufügen.
3. 15 Minuten lang köcheln lassen, dann vom Herd nehmen und weitere 20 Minuten ziehen lassen.
4. Filtern (siehe S. 14).
5. Nun die übrige Kokospaste noch einmal in der Küchenmaschine verarbeiten, alles zur schon gefilterten Milch hinzufügen und noch einmal wie schon beschrieben filtern.
6. Den Vorgang noch ein drittes Mal wiederholen und die fertige Milch im Kühlschrank kaltstellen.

Tipp

Zum leichteren Lösen des Fruchtfleisches die Nuss halbieren und beide Hälften mit der Außenseite kurz auf die heiße Herdplatte legen.

Maismilch

Mais ist eines der meist konsumierten Getreide der Welt und eines der Grundnahrungsmittel in Lateinamerika. Obwohl es eigentlich viele Sorten Mais gibt, gehören sie alle zur Familie der Süßgräser (*Poaceae*), die aus Mexiko stammt.

Die historische Bedeutung des Mais wird deutlich, wenn man sich vor Augen führt, dass bei zahlreichen in Lateinamerika durchgeführten archäologischen Ausgrabungen Werkzeuge etc. gefunden wurden, die beweisen, dass die Kultivierung von Mais schon vor mindestens 5000 Jahren begonnen hat. Das Wort „Mais“ stammt dagegen wahrscheinlich von *„mahys“*, einem Wort aus der Sprache der Taíno (die Taíno waren ein auf Haiti lebendes präkolombianisches Volk) ab und heißt so viel wie „das unser *Leben* Erhaltende“.

Mais ist übrigens sehr stärke- und auch kohlenhydratreich. Letztere Eigenschaft führt dazu, dass Mais sich ausgezeichnet für Diäten eignet, deren Ziel es ist Gewicht zu verlieren, denn er bekämpft das Hungergefühl und kann auf diese Weise verhindern, dass man zu anderen kalorienreicheren und ungesünderen Produkten greift.

Ebenso enthält Mais viele Ballaststoffe, was bei Verstopfung hilft, und auch eine beachtliche Menge an Vitamin B, das besonders im Krankheitsfall in höheren Dosen empfohlen wird.

Zutaten

1 1/2 l Wasser
100 g Mais
1 Zitrone
2 EL Honig

Zubereitung

1. Zuerst die Zitrone auspressen und den Saft beiseitestellen.
2. Nun das Wasser aufkochen, den Mais hinzufügen und 15 Minuten lang zugedeckt köcheln lassen. Ab und zu umrühren und dann alles in der Küchenmaschine zu einer homogenen Flüssigkeit verarbeiten.
3. Filtern (siehe S. 14) und abkühlen lassen.
4. Schließlich den Zitronensaft und den Honig hinzufügen und alles gründlich miteinander mischen.
5. Die fertige Maismilch im Kühlschrank kaltstellen.

Wussten Sie, dass ...?

Mais ist übrigens die Basis verschiedenster Getränke. Eines der ältesten ist *Atole*, ein Getränk aus prähispanischer Zeit, das auch heute noch in einigen Ländern Nord- und Zentralamerikas wie Guatemala und Mexiko hergestellt wird. Ursprünglich mischte man Maismehl mit Zucker und Wasser und erhitzte es, bis ein zähflüssiges Getränk entstand. Auch heutzutage wird es heiß getrunken.

Hirsekuchen.
Hirse ist ein nahrhaftes Getreide
mit einem sehr speziellen Geschmack.

Hirsemilch

Hirse ist eine der ältesten Getreidesorten der Welt. Sie stammt ursprünglich aus Zentralafrika, wo sie mit Sicherheit das erste angebaute Getreide war. Ideal ist, dass Hirse dürreresistent ist und über Jahre hinweg gelagert werden kann, ohne etwas von ihren Inhaltsstoffen einzubüßen.

Heutzutage wird Hirse in großem Stil in Indien und China angebaut, wo sie erstmals im Mittelalter von den Arabern eingeführt wurde. Etwa 400 Millionen Menschen konsumieren fast täglich Hirse. Oftmals ersetzt sie Reis als Grundnahrungsmittel.

Hirse ist im Übrigen sehr reich an Eiweiß (sie enthält mehr als Reis, aber weniger als Weizen) und verschiedensten Mineralstoffen wie Phosphor, Eisen, Silizium und Magnesium. Sie versorgt uns aber auch mit einer beachtlichen Menge an A- und B-Vitaminen sowie acht verschiedenen essenziellen Aminosäuren. So gesehen ist Hirse ideal zur Stärkung der Knochen, Haare und Augen.

Außerdem ist dieses Getreide besonders gut verträglich: Sie ist leicht verdaulich und zählt zu den basischen Nahrungsmitteln. Wir empfehlen Hirse besonders werdenden Müttern, weil sie außerordentlich nahrhaft ist.

Wenn auch Sie nun Hirse gerne zu einem Teil Ihrer Ernährung machen möchten, probieren Sie doch Suppen mit Reis und Hirse aus oder verwenden Sie das Getreide als Zutat in einem Gemüseauflauf.

Zutaten

- 1 l Wasser
- 300 g Hirsesprossen
- 300 g Sonnenblumensprossen
- 1 EL Honig
- 1 Prise Algenpulver (Spirulina)

Spirulinaanbau. Niger

Zubereitung

1. Zuerst alle Zutaten außer dem Honig in der Küchenmaschine fein verabeiten.
2. Dann filtern (siehe S. 14).
3. Nun den Honig hinzufügen und alles gründlich miteinander mischen.
4. Die fertige Milch im Kühlschrank kaltstellen.

Wussten Sie, dass ...?

Die Spirulina (*Spirulina maxima*) gehört zu den Cyanobakterien (früher als „Blaualgen" bezeichnet) und wächst in natürlichen, stark alkalischen Gewässern. Ursprünglich stammt sie aus Hawaii und den Seen Mexikos, wird jedoch heute in vielen anderen Ländern angebaut. Ihr Name bezieht sich auf ihre spiralförmige Form; sie ist blaugrün (dank ihres Phycocyanin- und Chlorophyllgehalts) und versorgt uns mit den Vitaminen B und B_{12}, Eisen, Magnesium und Zink. Im Handel ist Spirulina in Form von Pulver, Kapseln und Tabletten erhältlich.

Tee- und Kaffeeersatz

Tee und Kaffee sind die meistgetrunkenen Getränke der Welt. Von Japan bis Kanada, von Island bis Südafrika - täglich trinken Millionen von Menschen tassenweise Kaffee und Tee.

Natürlich schätzen wir nicht nur die stimulierenden Wirkung, sondern verbinden die Getränke mit Ruhepausen und Momenten des Innehaltens in unserem hektischen Alltag. Vergessen wir aber nicht: Kaffee und Tee sind beide koffeinhaltig, weshalb wir uns - was ihren Konsum betrifft - eher zurückhalten sollten.

Genießen Sie ihren Kaffee am liebsten morgens oder zur Verdauung nach dem Essen? Es liegt uns fern, Sie von Ihrer liebgewonnenen Rutine abbringen zu wollen - das ist auch gar nicht notwendig. Wir geben Ihnen auf den nächsten Seiten nur die Möglichkeit, sich ab und zu anstatt für eine Tasse Kaffee für einen unserer veganen Milchshakes oder Kaffee- und Teeersatzgetränke zu entscheiden.

Viele Naturheilkundige bestehen übrigens darauf, dass gerade Kaffee absolut gemieden werden sollte. Auch wenn diese Meinung vielleicht etwas überzogen ist, warnen wir doch vor übermäßigem Konsum. Zahlreiche Studien deuten darauf hin, dass sich Kaffee negativ auf Nervensystem und Magen auswirkt sowie Kalziumverlust begünstigt.

Schon seit langem verwendet man traditionell drei Pflanzen als Kaffeeersatz: die **Zichorie**, das **Kletten-Labkraut** und **Eicheln**. Die Getränke, die man aus diesen drei Pflanzen gewinnt, sind recht bitter und müssen deshalb sicherlich gesüßt werden.

Eicheln – natürlicher Kaffeeersatz

Die Zichorie ist nicht nur ein sehr guter Kaffee-ersatz, sie hat auch eine reinigende Wirkung.

Geröstete und pulverisierte Zichorienwurzeln werden schon seit dem 18. Jahrhundert zur geschmacklichen Verfeinerung von Kaffee verwendet und in Zeiten des Kaffeemangels nutzte man sie auch als Kaffeeersatz. Für die Zubereitung eines solchen Zichorienkaffees müssen zuerst die Wurzeln getrocknet und gereinigt werden. Dann röstet man sie im vorgeheizten Ofen auf mittlerer Stufe. Nach dem Rösten lässt man die Wurzeln abkühlen und mahlt sie, bis man ein feines Pulver erhält. Schließlich mischt man dieses Pulver mit kochendem Wasser (1 TL pro Tasse) und seiht es ab.

Auch Kletten-Labkraut-Samen ergeben einen exzellenten Kaffeeersatz und gehören sogar derselben Familie an, den *Rubiaceae*. Für die Herstellung die Samen auf mittlerer Stufe im Ofen rösten, abkühlen lassen, mahlen und jeweils einen TL dieses Pulvers pro Tasse mit kochendem Wasser mischen. Schließlich abseihen und das Getränk ist fertig.

Eine weitere Möglichkeit für Kaffeeersatz sind Eicheln. Frisch pflücken und im Ofen auf mittlerer Stufe rösten. Wenn sie abgekühlt sind, zu Pulver mahlen, das dann mit kochendem Wasser gemischt wird (1 TL pro Tasse). Vor dem Servieren abseihen.

Grüner Tee ist reich an Antioxidantien und arm an Theophyllin (dem Äquivalent des Koffeins im Kaffee), weshalb er nur sanft stimulierend wirkt. Ebenso existiert eine Fülle an anderen Alternativen zum Schwarztee, die zwar geschmacklich genauso intensiv sind, aber nicht aufputschend, sondern gesundheitsfördernd wirken und trotzdem schmecken.

Die Zubereitung von einigen **Heilkräutertees** erfolgt, indem man die Kräuter in gekochtem Wasser einige Minuten lang ziehen lässt und anschließend abseiht. Warum probieren Sie nicht einmal Tees aus Pfefferminze, Majoran, Rosmarin, Brennessel, Salbei, Holunderblüten etc. aus? Finden Sie heraus, was Ihnen schmeckt. Kombinieren Sie! Experimentieren Sie! Es lohnt sich.

Allein oder in Kombination mit Grünem Tee: Minze verleiht Ihrem Tee immer einen ganz besonderen Geschmack.

Malzherstellung

Zweifellos sind Malzgetränke die beliebteste Alternative zum Kaffee. Deshalb widmen wir ihnen hier einen ganz speziellen Abschnitt. Obwohl man Malz mit vielen Getreidesorten herstellen kann, ist die meistverwendete doch die Gerste, da sie die meiste Stärke enthält, ein Stoff, der sich beim Keimen in Zucker umwandelt.

Gerste ist das einzige Getreide, das nicht zur Brotherstellung herangezogen wird, da das in ihr enthaltene Eiweiß glutenfrei ist, was verhindert, dass die bei der Fermentation der Hefe entstehenden Gase im Brot zurückbleiben und der Teig aufgeht.

Man sollte sich eines großen Unterschiedes bewusst sein, wenn man abgepacktes Malz kauft. Nur das selbstemachte besteht aus dem Keimling, mit dem man schließlich Malzkaffee herstellen kann.

Malz kann aber leicht zu Hause hergestellt werden:

1. Zuerst die Gerste mindestens 12 Stunden lang in lauwarmem Wasser einweichen
2. Bis zur Verwendung in einem porösen Sack oder Küchentuch, das etwas feucht ist, aufbewahren.
3. Jetzt die Gerste auf der Arbeitsfläche oder einem Teller, der groß genug ist, dass sie nicht auf einem Haufen liegt, ausbreiten und 10 Tage lang bei Temperaturen von 17 - 20 °C liegen lassen und dabei ab und zu mit lauwarmem Wasser besprenkeln, aber nicht zu viel. Steigt die Temperatur über 20 °C, breitet man die Gerste mehr aus, fällt sie unter 17 °C, schiebt man die Körner etwas zusammen.

Die Blasenbildung des Malz- oder Gerstenkaffees

4. Nach 10 Tagen hat die Gerste ca. ihre doppelte Größe erreicht. Jetzt die Keimlinge im Ofen auf kleinster Stufe erhitzen und dabei die Ofentür einen Spalt geöffnet lassen, damit sie leichter trocknet.
5. Wenn die Gerste ganz trocken ist, im Ofen oder in einer Pfanne auf mittlerer Stufe rösten.
6. Jetzt nur noch mahlen und das Malz ist fertig für die Kaffee- bzw. Teezubereitung (z. B. einen TL pro Tasse Wasser).

Malzgetränke haben einen leicht bitteren Geschmack, der nicht jedem zusagen muss. Zum Süßen empfehlen wir Honig, nicht Zucker. Auf diese Weise werden die positive Wirkung auf Magen und die entwässernden, kräftigenden und appetitanregenden Eigenschaften dieser gesunden Getränke voll genutzt.

Mehr als 200 Rezepte für Ihr Wohlbefinden!

Gesundheit kann man auch trinken! Wellness-Getränke liegen eindeutig im Trend und versorgen den Körper mit wichtigen Vitaminen, Radikalfängern und anderen wertvollen Inhaltsstoffen. Sie sind nicht nur gesund, sondern sehen auch besonders verführerisch aus.

Dieses umfangreich bebilderte Rezeptbuch bietet eine große Auswahl an kalten und warmen Getränken. Je nach Jahreszeit werden die leckersten und gesündesten Wellness-Drinks präsentiert, zubereitet aus frischen, natürlichen und wohltuenden Zutaten.

Lassen Sie sich verführen!

Aus dem Inhalt:

- Smoothies
- Greeners
- Gemüsesäfte
- Fruchtsäfte
- Milchshakes
- Tee & Kaffee
- Schokolade

Wellness
DRINKS
fürs ganze Jahr
kneipp verlag
WIEN
Macchiato
Rich aroma of coffee
Macchiato

Am besten selbst gemacht!

Wussten Sie, dass Liköre ursprünglich flüssige Medikamente waren? Dass ein Glas Kräuterlikör beim Verdauen hilft, weiß man bis heute. Kamillenlikör beruhigt, Pfefferminzlikör erfrischt und ein Gläschen Rosenlikör erheitert das Gemüt und öffnet das Tor zur Seele. Liköre selbst herzustellen, das geht ganz einfach: Der Alkohol löst die Wirk- und Aromastoffe aus den Pflanzen und er ist konservierend – da kann gar nichts schiefgehen.
Auch Säfte und Sirupe lassen sich leicht selbst machen: aus Holunder- oder Löwenzahnblüten, aus allerlei Beeren u.v.m. Neben grundsätzlicher Anleitung zur Saft- und Likörzubereitung enthält das Buch zahlreiche Rezepte, dazu ein bisschen Historisches aus der Kräuterküche und stimmige Fotos, damit das Lesen und Durchblättern noch mehr Spaß macht.

Aus dem Inhalt:

- Pfefferminzlikör
- Rosenlikör
- Nusslikör
- Holunderblütensaft
- Löwenzahnblütensaft
- Melissensirup

Bestseller

EUR 15,80

Herta Kramer-Priesch, Ingrid Kiefer

Laktose – Fruktose

128 Seiten, farbig, Softcover mit Klappen
ISBN 978-3-7088-0039-4

EUR 17,95

Heide Steigenberger

Histamin

Genießen trotz Unverträglichkeiten
128 Seiten, farbig, Softcover mit Klappen
ISBN 978-3-7088-0471-2

EUR 17,95

Heide Steigenberger

Reizmagen

Richtiger Umgang mit Gastritis, Sodbrennen, Magendrücken und Verdauungsstörungen
128 Seiten, farbig, Softcover mit Klappen
ISBN 978-3-7088-0502-3

EUR 17,90

Nicole Kolisch

Glutenfrei

Genießen trotz Unverträglichkeiten
128 Seiten, farbig, Softcover mit Klappen
ISBN: 978-3-7088-0455-2